Bibliografische Information der Deutschen Nationalbibliothek:

Die Deutsche Bibliothek verzeichnet diese Publikation in der Deutschen National-
bibliografie; detaillierte bibliografische Daten sind im Internet über http://dnb.d-
nb.de/ abrufbar.

Impressum:

Copyright © 2015 GRIN Verlag, Open Publishing GmbH
Druck und Bindung: Books on Demand GmbH, Norderstedt Germany
ISBN: 978-3-668-02657-5

Dieses Buch bei GRIN:

http://www.grin.com/de/e-book/303929/die-persoenlichkeitsveraenderung-heinrich-
boells-waehrend-des-krieges-und

Kira Fetter

Die Persönlichkeitsveränderung Heinrich Bölls während des Krieges und ihre Auswirkungen auf die Kurzgeschichten „Die Verwundung und andere Erzählungen"

GRIN Verlag

Universität Stuttgart

Philosophische Fakultät

Institut für Germanistik

Seminar „Ofenhocker des Unglücks?"

Lässt sich eine persönliche Veränderung Heinrich Bölls im Laufe seiner Soldatenzeit erkennen und inwiefern wirkt sich diese auf seine späteren Kurzgeschichten „Die Verwundung und andere Erzählungen" aus?

Kira Fetter

Datum:25.05.2015

Heinrich Böll, 1917 geboren, war einer der bedeutendsten Schriftsteller der Nachkriegszeit. Er diente der deutschen Wehrmacht während des zweiten Weltkriegs von 1939 bis zum Ende 1945. Seine ersten Schreibversuche begannen schon etwas von dem Krieg allerdings mehr oder weniger erfolglos. Er selbst schrieb in einem Brief an Fritz J. Raddatz im Jahre 1970 „Meine ersten schüchternen Publikationsversuche fallen in die Jahre 1936:37:38 – damals schickte ich Gedichte an die „Junge Front", eine eindeutig oppositionelle katholische Wochenzeitung – leider – oder vielleicht sogar Gott sei Dank – ohne Erfolg." [1]Als er dann November 1938 als Soldat vereidigt wird, beginnt er Briefe an seine Familie und später an seine Frau Annemarie Cech – spätere Böll - zu schreiben. Diese Briefe, die er fast täglich verfasst, sind ein Zeugnis von seinen Anfängen des Schreibens selbst und zugleich Übungsstücke für das kommende literarische Werk. Die Briefe handeln hauptsächlich von seinen Eindrücken und Empfindungen als Soldat während des Krieges. Da Heinrich Böll sich nach dem Krieg zu einem hoch geschätzten Schriftsteller entwickelt und 1972 sogar den Nobelpreis für Literatur erhält, kommt die Frage auf, ob sich Heinrich Böll während seines Soldateneinsatzes persönlich verändert hat, und wenn ja, welche Rolle seine Veränderung für seine spätere literarische Laufbahn hat. Mit dieser Frage soll sich im Folgenden auseinander gesetzt werden, anhand seiner Feldpostbriefe und seiner späteren Kurzgeschichten „Die Verwundung und andere Erzählungen".

Die Briefe, die Heinrich Böll an seine Familie schreibt, beginnen am, 30.08.39. Von Anfang an wird deutlich, dass Heinrich Böll kein Befürworter des Krieges ist, wie er mit seinen Worten „Hoffentlich können wir bald den Krieg abblasen und wieder bis auf weiteres friedliche Zivilisten werden"[2], klar stellt. Ebenfalls deutlich wird hier, dass er große Hoffnung auf das baldige Kriegsende hat, dass noch nicht einmal richtig begonnen hat. Heinrich Böll schreibt fast jeden Tag, und wenn er einmal einige Tage nicht schreibt, entschuldigt er sich stets dafür und schildert die Beweg-Gründe hierfür. Es vergeht kaum ein Brief, indem er nicht von seinen Besuchs/Urlaubsplänen berichtet, um seine Familie im schönen Köln wiedersehen zu können. Anknüpfend an solch eine Äußerung schreibt er am 27.09.39 „Der Mensch lebt ja nur von Hoffnung, und vorläufig will ich einmal auf Urlaub hoffen. Bereits nach einem Monat im Wehrdienst, scheint Heinrich Böll ein Stück seiner Lebenslust verloren zu haben, obwohl er die Hoffnung noch nicht aufgegeben hat. Nach einem anstrengenden Marsch und anderen körperlichen Tätigkeiten schreibt er seiner Familie „Man legt den Zivilisten ab, er wird wirklich kaputt gemacht. Man wird – nicht gerade stumpfsinnig – aber 300 Prozent kalt und gleichgültig, und völlig interesselos. Mir persönlich wäre es jederzeit völlig gleichgültig, ja manchmal sogar willkommen, wenn ich von irgendwem oder irgendwoher plötzlich und unerwartet

---

[1]Jan Badewien / Hansgeorg Schmidt-Bergmann: Ansichten eines Außenseiters – Heinrich Böll – gefeiert, bekämpft, vergessen? Herrenalber Forum Band 74. Literarischen Gesellschaft Karlsruhe. Juli 2012 in Bad Herrenalb.
[2]Heinrich Böll: Heinrich Böll- Briefe aus dem Krieg 1939-1945. Band 1, Seite 13. Verlag Kiepenheuer & Witsch 2001.

„kaltgemacht" würde."[3] Worte solcher Art, waren in dieser Zeit allerdings eher selten, da Böll sich sicher zu sein scheint, dass des Krieges Tage bald gezählt sind. Nicht selten schreibt er, dass es nun bald vorbei sein würde, so denke er. Gründe für diese Annahme äußert er allerdings nicht. Böll schildert seiner Familie stets alles genau so wie er es empfindet und versucht sie nicht in einer trügerischen Fassade von Frohsinn zurück zu lassen. „Was schreibt der deutsche Soldat nach Hause? Daß er sich unsagbar glücklich fühlt, dienen zu dürfen und an diesem großen Werk, Europa ein anderes Gesicht geben wird. Daß die Stimmung fabelhaft, das Essen reichlich und schmackhaft und die Löhnung bezaubernd ist. Daß schreibt der deutsche Soldat nach Hause."[4] Interessant ist hier, dass Böll sehr ironisch formuliert, er nimmt den „klassischen Deutschen Soldaten" buchstäblich auf den Arm und will sich zugleich von diesem abgrenzen. Ganz treffend hat die Literaturkritik zum Buch Heinrich Bölls „Briefe aus dem Krieg" dessen Lage zu dieser besagten Zeit formuliert: „Hier ist noch kein literarischer Nukleus zu entdecken, hier fällt kaum ein poetischer Blick auf eine Welt im Ausnahmezustand, hier ist lediglich ein Schriftsteller in Wartestellung zu beobachten."[5] Man könnte fast sagen, dass Böll zu diesem Zeitpunkt andere Sorgen hatte, als das Schreiben. Zunehmend werden Bölls Briefe düsterer und sind von Heimweh, Leid und Wut durchzogen. Besonders auffallend sind zwei sehr literarische Textstellen Bölls, eine am 18.08.1940 die lautet „ So führen wir scheinbar ein sonniges Leben, aber leider nur scheinbar, es ist nichts, ein etwas zigeunerhaftes Leben zu führen, ohne die sonnige Freiheit eines Zigeuners."[6] und Ende des Jahres dann „es ist gewiß sonderbar, ich liebe nicht die Finsternis, sondern die Dunkelheit, in der das Licht leuchtet; vielleicht quält mich die Helligkeit des Tages nur, weil ich weiß, daß sie gelogen ist." Auch, wenn Heinrich Böll immer mehr in Selbstmitleid zu versinken scheint, kommt in ihm der bisher noch unbekannte und auch unversuchte Schriftsteller hindurch. Dies scheint er auch selbst zu verspüren und beginnt im Juni einen Brief an Annemarie Cech: „Ich fühle eine unbändige Lust, ein großes, dickes Buch zu schreiben, ein starkes und farbiges Epos von der Gewalttätigkeit des menschlichen Lebens."[7] Wenig später schreibt er ebenfalls an seine spätere Ehefrau „ich müsste ein grosses Buch schreiben können, dass nur ein voller Gesang wäre des menschlichen Leidens, der menschlichen Leidenschaft und eine Symphonie aller Schönheit und Verworfenheit des Lebens."[8] Und weiter, „meine Seele lechzt gerade zu nach einem Werk." Es scheint, als habe Heinrich Böll einen unendlichen Drang, seine Erlebnisse niederzuschreiben. Dennoch, während seiner kompletten Zeit als Soldat, ist das einzig

---

[3] Heinrich Böll: Heinrich Böll- Briefe aus dem Krieg 1939-1945. Band 1, Seite 19. Verlag Kiepenheuer & Witsch 2001.

[4] Heinrich Böll: Heinrich Böll- Briefe aus dem Krieg 1939-1945. Band 1, Seite 32. Verlag Kiepenheuer & Witsch 2001.

[5] Literaturkritik.de „Arbeiten und beten" Artikel zu Heinrich Böll. Verfasser Unbekannt. 2010

[6] Heinrich Böll: Heinrich Böll- Briefe aus dem Krieg 1939-1945. Band 1, Seite 100. Verlag Kiepenheuer & Witsch 2001

[7] Heinrich Böll: Heinrich Böll- Briefe aus dem Krieg 1939-1945. Band 1, Seite 195. Verlag Kiepenheuer & Witsch 2010

[8] Heinrich Böll: Heinrich Böll- Briefe aus dem Krieg 1939-1945. Band 1, Seite 208. Verlag Kiepenheuer & Witsch 2001

niedergeschriebene seine Feldpost. Hier schon ist eine deutliche Entwicklung Heinrich Bölls zu erkennen. Um ein kurzes Zwischenresumée zu ziehen; während Böll anfangs noch relativ optimistisch gegenüber dem Kriegsende und seiner Soldatenzeit eingestellt ist, so merkt man jetzt, dass er zunehmend pessimistischer geworden ist. „Es kommt mir doch etwas unwahrscheinlich vor, dass die Entscheidung dieses Jahr noch fällt, aber das wir die Hälfte umhaben ist nun einigermaßen sicher".[9] Er bittet Gott indirekt in einem Brief an Annemarie, ihm wenigstens die Gesundheit des Geistes und seines Herzens behalten zu lassen.[10] Signifikant ist Heinrich Bölls ständige Auseinandersetzung mit dem Christentum. Es ist unverkennbar, dass Böll Gott als eine große Stütze ansieht. So schreibt er Ende 1942 „Gott wird uns Stärke geben und Kraft."[11] Soviel Lebensfreude und Willenskraft Heinrich Böll auch in den Monaten während des Krieges verloren hat, sein Gott-Glaube bleibt bis zum Ende stets bestehen. Dennoch scheint sich Bölls Stimmung von Tag zu Tag zu verschlechtern. Während er bisher nur ausschließlich von seinem eigenen Leiden berichtet hat so scheint es, als würde er mittlerweile auch einen Hass gegen alle seine Mitmenschen hegen. „Eine irrsinnige Lebenswut hat mich gepackt, ich hasse dieses ganze blöde Gesindel und den irrsinnigen Krieg, der doch nur für die Machtgelüste einiger weniger geführt wird; ich hasse mein Gewehr und das grausame Mordgerät, alles hasse ich bis aufs Blut, mit meiner ganzen Kraft und meinem ganzen Wesen hasse ich denk Krieg mit allen seinen Erscheinungen."[12] Man sollte annehmen, dass hier der Tiefpunkt seiner Soldatenzeit erreicht sei. Da man aber nicht unerwähnt lassen sollte, dass Böll bis zu diesem Zeitpunkt noch keinen Fronteinsatz hatte, sondern sich bisher mehr oder weniger nur auf den Krieg „vorbereitet" hatte und sich hauptsächlich in den Kasernen aufgehalten hatte, so kommt es zu der drastischsten Veränderung Bölls erst 1994 in Russland. Dort sollte er seinen ersten Fronteinsatz haben. Hier verändert er den Ton radikal: „Das Leben ist grausam, und der Krieg, jeder Krieg ist ein Verbrechen; für immer bin ich absoluter Anti-Militarist geworden in diesen letzten Monaten elender Quälerei" schreibt Böll am 11. Mai 1944. „Ich hasse den Krieg... Gott weiß, ich kenne nun den Krieg, alle und jede Möglichkeit... glaube nichts" heißt es dann weiter in einem Brief vom Juni 1944, wenige Wochen nach seiner Verwundung. Und schließlich: „Ich weiß jetzt, daß der Krieg ein Verbrechen ist – ich hasse die Hölle der Uniform, überhaupt die Uniform an sich."[13] Nach diesem Einsatz in Russland und der dort entstandenen Verwundung, einem weiteren Fronteinsatz in Rumänien und dort

[9] Heinrich Böll: Heinrich Böll- Briefe aus dem Krieg 1939-1945. Band 1, Seite 237. Verlag Kiepenheuer & Witsch 2001

[10] Vgl. Heinrich Böll: Heinrich Böll- Briefe aus dem Krieg 1939-1945. Band 1, Seite 371. Verlag Kiepenheuer & Witsch 2001

[11] Heinrich Böll: Heinrich Böll- Briefe aus dem Krieg 1939-1945. Band 1, Seite 457. Verlag Kiepenheuer & Witsch 2001

[12] Heinrich Böll: Heinrich Böll- Briefe aus dem Krieg 1939-1945. Band 1, Seite 473. Verlag Kiepenheuer & Witsch 2001

[13] Heinrich Böll Stiftung. "Schreiben wollte ich immer…"-Briefe aus dem Krieg. Die grüne politische Stiftung. Januar 2008.

ebenfalls erfolgter Verwundung kehrte Böll Ende 1944 ins Rheinland zurück. Hier simuliert er einige Fieberanfälle, sodass er bis zum 26. März 1945 krank gemeldet ist. Böll ist des Krieges mehr als nur überdrüssig. Zu dem Zeitpunkt ist sein Leben von Leid, Schmerz und Resignation durchzogen. Deshalb ist seine Entlassung am 15. September 1945 eine Befreiung für Böll und seine Seele. Doch, das Ende des Krieges ist nicht das Ende des gedanklichen Gefängnisses in dem sich Soldaten nach dem Krieg nicht befreien können. Wie Böll diese Vorkommnisse verarbeitet und inwiefern sie seinen Charakter zu jener Zeit widerspiegeln zeigt sich in seinem Buch „Die Verwundung und andere Erzählungen." Dieses besagte Buch erschien im September 1983. Die sich darin befindenden Erzählungen entstanden allerdings hauptsächlich in der Nachkriegszeit von 1947 bis 1952. All diese Geschichten handeln vom zweiten Weltkrieg und sind von Schicksal, Mord, Trauer und Dramatik durchzogen. Im Folgenden werden die Geschichten näher betrachtet und auf drei besonders eingegangen „Der Unbekannte Soldat", „ Die Liebesnacht" und „Die Verwundung" und unter dem Aspekt - inwiefern Bölls Empfindungen diese Geschichten bestimmen bewertet. In der Geschichte „Der Unbekannte Soldat" schreibt Böll über „Feldwebel und Soldaten mit grimmigen Gesichtern" und dass er froh gewesen wäre, wenn jemand mit ihm Mitleid gehabt hätte und ihm die Dienstpistole an den Kopf gesetzt und abgedrückt hätte.[14] Hier lassen sich ganz klar parallelen zu seinen Zeilen in den Feldbriefen erkennen als er im Oktober 1939 schreibt „mir persönlich wäre es jederzeit völlig gleichgültig, ja manchmal sogar willkommen, wenn ich von irgendwem […] unerwartet »kaltgemacht« werden würde.[15] Weiter in der Geschichte heißt es, „mein Gott, bitte lass die nächste Granate für mich bestimmt sein"[16] Der Pessimismus des vorkommenden Soldaten wird nur durch eines ein wenig erleuchtet,: durch den Glauben an Gott. Wie auch in Bölls Soldatenzeit selbst. Was in Bölls Kurzgeschichten signifikant ist, sind sein Hang zur Dramatik. Es vergeht kaum eine Geschichte in der keiner zu schaden kommt, meistens trifft es die Hauptperson selbst und mit dem Ableben dieser endet auch die Geschichte. Die einzige Geschichte, die sich etwas von den anderen abhebt, ist „Die Liebesnacht". Hier scheint Böll seine Sehnsucht an menschliche Nähe zu verarbeiten. Der Hauptcharakter ist hier bei einer Dame zu Besuch, die allerdings nie spricht. Im Buch heißt es „alle ihre Zusammenkünfte zeichneten sich durch Stummheit aus."[17] Bölls Einsamkeit während des Krieges könnte hiermit angedeutet werden. Dadurch, dass er durch seine

---

[14] Vgl. Heinrich Böll: Die Verwundung und andere frühe Erzählungen. Band 1 Seite 12. Verlag Lamuv, Bornheim-Merten 1983.

[15] Heinrich Böll: Heinrich Böll- Briefe aus dem Krieg 1939-1945. Band 1, Seite 19. Verlag Kiepenheuer & Witsch 2001.

[16] Heinrich Böll: Die Verwundung und andere frühe Erzählungen. Band 1 Seite 18. Verlag Lamuv, Bornheim-Merten 1983.

[17] Heinrich Böll: Die Verwundung und andere frühe Erzählungen. Band 1 Seite s.8 Verlag Lamuv, Bornheim-Merten 1983.

Liebesbeziehung durch die Schrift und seine seltenen Besuche wenig mündliche Kommunikation wiederfand. Eine ebenfalls große Rolle in dieser Geschichte spielt die Zeit. „ irgendwo tickte eine Uhr" und „er spürte, dass die Uhr ihn forttickte, das Ticken der Uhr war stärker als der Herzschlag an seiner Brust." Böll beklagte in den Briefen an seine Familie und an Annemarie Cech stets, dass er kaum Zeit hat für sich selbst, für das Briefeschreiben und am wenigsten für Besuche nach Hause. Die Soldatenzeit verschlang all seine Zeit, ohne dass er etwas dagegen tun konnte. In der Kurzgeschichte „Die Verwundung" schreibt Böll in der Ich-Perspektive von einem Soldaten, der sich während des Krieges eine Verletzung am Rücken zuzieht. Schon hier ist die Parallele zu seiner Verwundung die er sich in Russland am Rücken zugezogen hat nicht zu verkennen. Der Protagonist beschreibt diese als „herrliche Verwundung" und „eine Verwundung wie gemalt".[18] Es ist wohl eher unüblich, eine Verletzung mit solchen Worten zu umschreiben. Hier wird klar erkennbar gemacht, dass die Person froh zu sein scheint, eine Verletzung erlitten zu haben, da daraus resultiert, dass sie in diesem Zustand wohl kaum mehr an die Front zum kämpfen geschickt werden würde. Später heißt es, „es würde mindestens 4 Monate gehen, bis das Loch zu war, dann war der Krieg zu Ende"[19] Die Person scheint keinerlei Interesse und Lust zu haben, weiterhin am Kriegsgeschehen teilzunehmen und ist deshalb über die Verwundung mehr oder weniger erleichtert und glücklich. Bölls Kurzgeschichten handeln ausschließlich von solchen Erfahrungen und Eindrücken. Bölls Kriegserlebnisse haben ihn eindeutig geprägt. Er projiziert seine Eindrücke auf seine spätere Trümmerliteratur und versucht damit den Menschen ein Bild über seine Situation und sein Leiden zu verschaffen. Böll richtet sein Schreiben sehr nach der Wirklichkeit aus. Sehen und Mitfühlen, das ist das literarische Credo Bölls: „Wer Augen hat zu sehen, der sehe! Und in unserer schönen Muttersprache hat sehen eine Bedeutung, die nicht mit optischen Kategorien allein zu erschöpfen ist: wer Augen hat, zu sehen, für den werden die Dinge durchsichtig – und es müsste ihm möglich werden, sie zu durchschauen."[20] Abschließend ist zu sagen, dass sich Bölls Charakter während der Kriegszeit eindeutig verändert hat. An seinen Briefen ist ein Verlauf der Richtung Verbitterung und Pessimismus läuft erkennbar. Trotz seines nur kurzen Einsatzes an der Front, schreibt Böll in seinen Kurzgeschichten nach dem Krieg hauptsächlich von brutalen und gewalttätigen Aktionen während des Krieges. Hier wird klar, dass Böll dem Krieg keinerlei positive Aspekte abgewinnen konnte. Er verarbeitet seine Erlebnisse und schreibt Geschichten über diese Erlebnisse- manchmal realitätsgetreu und manchmal etwas freier. Böll musste sich das Grunderlebnis seiner jungen Jahre von der Seele schreiben. Er selbst sagte über sich: „Ich

---

[18] Heinrich Böll: Die Verwundung und andere frühe Erzählungen. Band 1 Seite s.73 Verlag Lamuv, Bornheim-Merten 1983.

[19] Heinrich Böll: Die Verwundung und andere frühe Erzählungen. Band 1 Seite s.74 Verlag Lamuv, Bornheim-Merten 1983.

[20] Heinrich Böll, Bekenntnisse zum Trümmerliteratur. Kölner Ausgabe Band 6.1952-1953 von Árpád Bernáth. S.58

arbeite zu schnell, zu ungeduldig, irgendwie verschwenderisch. Habe keinen Abstand, und das verdirbt jene ruhige Gelassenheit, die man von einem Erzähler erwartet."[21] Doch vielleicht macht gerade das Heinrich Böll aus, dass er von seiner inneren Kriegserfahrung getrieben sofort beginnt alles schonungslos realitätsnah niederzuschreiben.

---

[21] Hans Schwab-Felisch: Der Böll der frühen Jahre. München 1985. S.166ff

Literaturverzeichnis

Jan Badewien / Hansgeorg Schmidt-Bergmann: Ansichten eines Außenseiters – Heinrich Böll – gefeiert, bekämpft, vergessen?Herrenalber Forum Band 74. Literarischen Gesellschaft Karlsruhe. Juli 2012 in Bad Herrenalb.

Heinrich Böll: Heinrich Böll- Briefe aus dem Krieg 1939-1945. Band 1. Verlag Kiepenheuer & Witsch 2001.

Literaturkritik.de „Arbeiten und beten" Artikel zu Heinrich Böll. Verfasser Unbekannt. 2010

Heinrich Böll Stiftung. "Schreiben wollte ich immer…"-Briefe aus dem Krieg. Die grüne politische Stiftung. Januar 2008

Heinrich Böll: Die Verwundung und andere frühe Erzählungen. Band 1 Verlag Lamuv, Bornheim-Merten 1983.

Heinrich Böll, Bekenntnisse zum Trümmerliteratur. Kölner Ausgabe Band 6.1952-1953 von Árpád Bernáth.

Hans Schwab-Felisch: Der Böll der frühen Jahre. München 1985.

BEI GRIN MACHT SICH IHR WISSEN BEZAHLT

- Wir veröffentlichen Ihre Hausarbeit,
  Bachelor- und Masterarbeit

- Ihr eigenes eBook und Buch -
  weltweit in allen wichtigen Shops

- Verdienen Sie an jedem Verkauf

Jetzt bei www.GRIN.com hochladen und kostenlos publizieren